LES 200 CORRECTIONS EXTRA-COMPTABLES

Pascale RECROIX

en poche

2020-2021

Les corrections extra-comptables nécessaires à la détermination du résultat fiscal

Gualino
un savoir-faire de Lextenso

Du même auteur, dans la même collection :

- Les 250 écritures comptables les plus courantes, 2020.
- 200 calculs pour réussir un diagnostic financier, 2020.

Pascale Recroix est Professeur de Finance d'entreprise, de Comptabilité approfondie et de Droit fiscal en DCG.

Suivez-nous sur **www.gualino.fr**

Contactez-nous **gualino@lextenso.fr**

1, Parvis de La Défense
92044 Paris La Défense Cedex
978-2-297-09994-3
ISSN 1962-6428

Sommaire

1 Calcul du résultat fiscal

Le type d'impôt à recouvrer (IR ou IS) est différent selon la nature juridique de l'entreprise :

- sont principalement soumises à l'IS : les SA, SAS, SCA, SARL (une option pour l'IR est possible sous conditions), les EURL (associé personne morale) ;
- sont principalement soumises à l'IR : les SNC, EURL (associé personne physique), EIRL (une option pour l'IS est possible sous conditions), les entreprises individuelles.

Le résultat fiscal, base au calcul de l'impôt, est déterminé à partir du résultat comptable et corrigé extra-comptablement, pour tenir compte des dispositions fiscales spécifiques. Ces rectifications se traduisent par des réintégrations ou des déductions effectuées de manière extra-comptable.

Résultat fiscal imposable =

Résultat comptable

+ Réintégrations fiscales

– Déductions fiscales

Table des abréviations

DF : Déductions fiscales
RF : Réintégrations fiscales

TYPE D'IMPÔT À RECOUVRER (IR OU IS) SELON LA NATURE JURIDIQUE DE L'ENTREPRISE

Éléments	IS	IR
Société anonyme (SA) : Capital minimum : 37 000 € Minimum : 7 associés pour les sociétés cotées (2 associés pour les sociétés non cotées)	X	Option possible pour l'IR sous conditions cumulatives (1)
Société par actions simplifiée (SAS) : Minimum : 2 associés	X	Option possible pour l'IR sous conditions cumulatives (1)
Société en commandite par actions (SCA) : Capital minimum : 37 000 € Minimum : 4 associés	X	Option possible pour l'IR sous conditions cumulatives (2)
Société à responsabilité limitée (SARL) : Minimum : 2 associés Maximum : 100 associés	X	Option possible pour l'IR sous conditions (2)
Société en nom collectif (SNC) : Minimum : 2 associés	Option possible pour l'IS	X
Entreprise unipersonnelle à responsabilité limitée (EURL) si l'associé est une personne physique	Option possible pour l'IS (3)	X
Entreprise unipersonnelle à responsabilité limitée (EURL) si l'associé est une personne morale	X	
Société en commandite simple (SCS) : Minimum : 2 associés – personnes physiques (commandité) – personnes morales (commanditaires)	X	X
Entrepreneurs individuels à responsabilité limitée (EIRL)	Option possible pour l'IS (3)	X
Entreprise individuelle		X Option possible pour le régime de l'auto-entrepreneur
Société anonyme (SA) : Capital minimum : 37 000 € Minimum : 7 associés pour les sociétés cotées (2 associés pour les sociétés non cotées)	X	Option possible pour l'IR sous conditions cumulatives (1)
Société par actions simplifiée (SAS) : Minimum : 2 associés	X	Option possible pour l'IR sous conditions cumulatives (1)

Société en commandite par actions (SCA) : Capital minimum : 37 000 € Minimum : 4 associés	X	Option possible pour l'IR sous conditions cumulatives (2)
Société à responsabilité limitée (SARL) : Minimum : 2 associés Maximum : 100 associé	X	Option possible pour l'IR sous conditions (2)
Société en nom collectif (SNC) : Minimum : 2 associés	Option possible pour l'IS	X
Entreprise unipersonnelle à responsabilité limitée (EURL) • si l'associé est une personne physique • si l'associé est une personne morale	Option possible pour l'IS (3) X	X
Société en commandite simple (SCS) : Minimum : 2 associés – personnes physiques (commandité) – personnes morales (commanditaires)	X	X
Entrepreneurs individuels à responsabilité limitée (EIRL)	Option possible pour l'IS (3)	X
Entreprise individuelle		Option possible pour le régime de l'auto-entre-preneur

(1) Les SA, SAS et SARL non cotées peuvent opter pour le régime fiscal des sociétés de personnes lorsque les conditions suivantes sont réunies : la société est créée depuis moins de 5 ans ; les titres de la société ne sont pas admis aux négociations sur un marché réglementé ; le capital est détenu à hauteur de 50 % au moins par des personnes physiques, 34 % devant être détenu directement par des dirigeants (président, directeur général, président du conseil de surveillance, membre du directoire ou gérant) ; la société exerce à titre principal une activité industrielle, commerciale artisanale, agricole ou libérale ; l'effectif est de moins de 50 salariés et la société a réalisé un CA HT annuel ou a un total de bilan inférieur à 10 M€. L'option doit être exercée à l'unanimité des associés ; elle est exercée pour 5 ans non renouvelable.

(2) Les SARL peuvent opter pour le régime fiscal des sociétés de personnes (SARL de famille) si les conditions suivantes sont réunies : la société a une activité industrielle, commerciale, artisanale ou agricole ; la société doit être formée uniquement entre parents en ligne directe ou entre frères et sœurs, ainsi qu'entre conjoints mariés ou pacsés. L'option doit être demandée par l'unanimité des associés ; elle s'applique sans limitation de durée.

(3) Les sociétés de personnes, qui n'entrent pas dans le champ d'application de l'IS et les EIRL relevant de plein droit de l'IR, ont la possibilité d'opter pour l'assujettissement à l'IS. Cette option est irrévocable ; toutefois, pour éviter de pénaliser ces entités, qui constateraient que l'option ne se justifie pas eu égard leur activité, l'administration les autorise à ***renoncer à cette option jusqu'au cinquième exercice suivant celui au titre duquel l'option a été exercée***.

RÉGIMES D'IMPOSITION DES BÉNÉFICES APPLICABLES AUX SOCIÉTÉS RELEVANT DE L'IR DANS LA CATÉGORIE DES BIC EN 2020

Régimes	Chiffre d'affaires (X) HT (€)		Options possibles
	Ventes de biens	Prestations de services	
Réel normal	X > 818 000	X > 247 000	
Réel simplifié	176 200 < X ≤ 818 000	72 600 < X ≤ 247 000	Option pour le réel normal
Micro-BIC	X ≤ 176 200	X ≤ 72 600	Option pour le réel simplifié ou le réel normal

Les seuils du régime micro-BIC ne sont plus alignés sur ceux de la franchise en base de TVA. Il n'est donc plus nécessaire d'être soumis au régime de la franchise en base de TVA pour pouvoir être imposé selon le régime micro-BIC.

Cette disposition s'applique à la fois aux exploitants qui dépassent les seuils de la franchise en base de TVA tout en respectant le seuil du micro-BIC et à ceux qui renoncent volontairement à la franchise en base de TVA en optant pour un régime réel de TVA.

RÉGIMES D'IMPOSITION DES BÉNÉFICES APPLICABLES AUX SOCIÉTÉS SOUMISES À L'IS EN 2020

Régimes	Chiffre d'affaires (X) HT (€)		Options possibles
	Ventes de biens	Prestations de services	
Réel normal	X > 818 000	X > 247 000	
Réel simplifié	176 200 < X ≤ 818 000	72 600 < X ≤ 247 000	Option pour le réel normal

2 IMPOSITION DES PRODUITS BIC ET IS

L'objectif est de retrancher du résultat comptable des produits qui ont été comptabilisés mais qui ne sont pas imposables fiscalement.

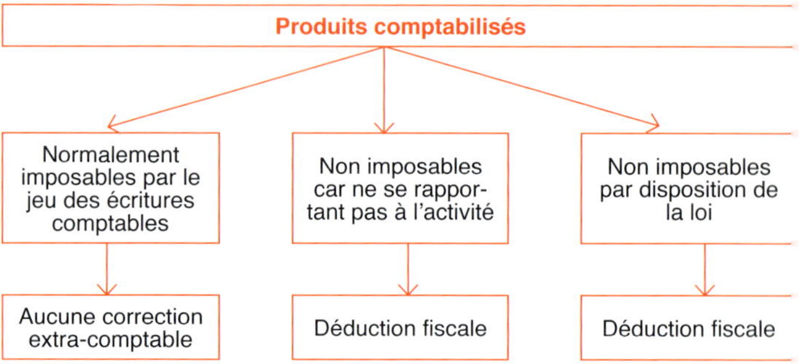

Les règles de rattachement des produits : les produits doivent en principe être imposés au titre de l'exercice au cours duquel ils ont été comptabilisés, quelle que soit la date du règlement. L'application du principe d'indépendance nécessite, à la clôture d'un exercice, de neutraliser les produits constatés d'avance par l'intermédiaire d'un compte de régularisation, ou de comptabiliser les produits à recevoir.

L'exercice de rattachement des produits diffère selon qu'il s'agit de ventes ou de prestations de services :

Ventes de biens	Rattachement des ventes à l'exercice au cours duquel la livraison des biens est intervenue (délivrance du bien)		
	Vente assortie d'une clause de réserve	Vente sous condition suspensive Vente sous condition résolutoire Rattachement des ventes à l'exercice au cours duquel la livraison des biens est intervenue	Vente sous condition résolutoire
	Rattachement des ventes à l'exercice au cours duquel la livraison des biens est intervenue	Rattachement des ventes à l'exercice au cours duquel la condition se réalise	Rattachement des ventes à l'exercice au cours duquel la livraison des biens est intervenue
Prestations de services	Rattachement des produits de ces prestations à l'exercice au cours duquel intervient l'achèvement de la prestation		
Prestations continues et prestations discontinues à échéances successives	Rattachement des produits de ces prestations, dont l'exécution se prolonge sur plusieurs exercices, à l'exercice au fur et à mesure de l'exécution de la prestation		
Prestations ponctuelles	Rattachement de la totalité des produits de ces prestations à l'exercice au cours duquel intervient leur achèvement		

Éléments	Analyse	DF
70 : Ventes de produits, prestations de services et marchandises	Elles sont normalement imposables, pour le montant hors taxe, net des remises commerciales au titre de l'exercice de leur rattachement.	
708 ou 752 : Revenus des immeubles figurant à l'actif du bilan	Les loyers et autres revenus utiles à l'activité professionnelle sont normalement imposables.	
708 ou 752 : Revenus des immeubles non affectés à l'activité professionnelle	Les loyers et autres revenus **non affectés à l'activité professionnelle** ne sont pas imposables.	X
751 : Redevances reçues de concessions de droits de la propriété intellectuelle	Le résultat net de concession peut, sur option, bénéficier d'un **régime de taxation spécifique au taux de 10 %**, sous conditions (*voir plus ou moins-values BIC/IS*).	X
74 : Subventions d'exploitation	Les subventions d'exploitation sont normalement imposables au cours de l'exercice de leur attribution.	
756 : Gains de change sur créances et dettes commerciales	Les gains de change sont normalement imposables.	
761, 762, 764 : Dividendes et produits de titres à revenus fixes	*Voir cas particuliers BIC / IS*	
766 : Gains de change financiers	Les gains de change sont normalement imposables.	
767 : Produits nets sur cessions de VMP	*Voir Régime des plus ou moins-values (cas particuliers BIC / IS)*	
7715 : Subventions d'équilibre	Les subventions d'équilibre sont normalement imposables au cours de l'exercice de leur attribution.	
7717 : Dégrèvements d'impôts concernant des impôts normalement déductibles	Les dégrèvements d'impôts sont normalement imposables s'ils concernent des **impôts antérieurement déductibles**.	
7717 : Dégrèvements d'impôts concernant des impôts non déductibles	Les dégrèvements d'impôts ne sont pas imposables s'ils concernent des **impôts antérieurement non déductibles**.	X
775 : Produits des cessions d'éléments d'actif	*Voir Régime des plus ou moins-values (cas particuliers BIC / IS)*	

Éléments	Analyse	DF
775 : Indemnités d'assurance de dommages portant sur des actifs immobilisés, indemnités d'expropriations	*Voir Régime des plus ou moins-values (cas particuliers BIC / IS)*	
777 : Subventions d'investissement sans option pour l'échelonnement	Si l'entreprise n'a pas opté pour l'échelonnement des subventions, la reprise de la subvention est un produit normalement imposable.	
777 : Quote-part de subventions d'investissement destinées à financer une immobilisation non amortissable en présence d'une clause d'inaliénabilité	Si l'entreprise a opté pour l'échelonnement des subventions, la reprise de la subvention est imposée par parts égales sur les années pendant lesquelles le bien est inaliénable. La quote-part est un produit normalement imposable.	
777 : Quote-part de subventions d'investissement destinées à financer une immobilisation non amortissable sans clause d'inaliénabilité	Si l'entreprise a opté pour l'échelonnement des subventions, la reprise de la subvention est imposée par parts égales sur **10 ans**, à compter de l'année suivant son attribution ; une **déduction fiscale de la subvention doit être effectuée l'année de son attribution**.	X
777 : Quote-part de subventions d'investissement destinées à financer une immobilisation amortissable	Si l'entreprise a opté pour l'échelonnement des subventions, la reprise de la subvention est effectuée au même rythme d'amortissement fiscal de l'immobilisation ; la quote-part est un produit normalement imposable.	
777 : Quote-part de subventions d'investissement destinées à financer une immobilisation décomposée amortissable	Si l'entreprise a opté pour l'échelonnement des subventions, la reprise de la subvention est imposée sur la durée moyenne pondérée d'amortissement du bien (n) : Reprise fiscale = Subvention totale / n – **Si Reprise fiscale > Reprise comptable : la différence est une réintégration fiscale (RF)** – **Si Reprise fiscale < Reprise comptable : la différence est une déduction fiscale (DF)**	**RF** **DF**
7788 : Indemnités en réparation d'un préjudice	Les indemnités perçues en réparation d'un préjudice constituent des produits normalement imposables dès lors que leur objet est de compenser des charges ou des pertes déductibles par leur nature.	
7788 : Indemnités d'assurance-vie	L'indemnisation, que l'entreprise subit du fait de la réalisation du risque, est un produit normalement imposable.	
7788 : Abandons de créances reçus à caractère commercial	Les abandons de créances à caractère commercial sont normalement imposables.	

Éléments	Analyse	DF
78 : Reprises sur dépréciations et sur provisions concernant des dépréciations et des provisions déductibles	Les reprises sur dépréciations et sur provisions sont normalement imposables si elles concernent des dépréciations ou des provisions normalement déductibles.	
78 : Reprises sur dépréciations et sur provisions concernant des dépréciations et des provisions non déductibles	Les reprises sur dépréciations et sur provisions ne sont pas imposables si elles concernent des dépréciations ou des provisions antérieurement non déductibles.	X
78 : Reprises sur dépréciations des titres	*Voir Régime des plus ou moins-values (cas particuliers BIC / IS)*	
791 : Indemnités d'assurance de dommages portant sur des éléments non immobilisés	Les indemnités d'assurance perçues constituent des produits normalement imposables si elles compensent la disparition de stocks.	

3 Déductibilité des charges BIC et IS

L'objectif est d'ajouter au résultat comptable des charges qui ont été comptabilisées mais qui ne sont pas déductibles fiscalement. Les ***charges admises en déduction*** doivent être régulièrement comptabilisées et appuyées de pièces justificatives suffisantes, être exposées dans l'***intérêt de l'exploitation*** (se rattacher à une gestion normale) et ne pas être exclues du résultat imposable par une disposition expresse de la loi.

Charges comptabilisées

- Normalement déductibles par le jeu des écritures comptables → Aucune correction extra-comptable
- Non déductibles car somptuaires ou personnelles → Réintégration fiscale
- Non déductibles par disposition de la loi → Réintégration fiscale

Documentation fiscale : plafond applicable pour l'amortissement des véhicules exclus du droit à déduction, en fonction du taux d'émission de CO_2

Base fiscale	Véhicules acquis en 2017	Véhicules acquis en 2018	Véhicules acquis en 2019	Véhicules acquis en 2020	Véhicules acquis à compter du 01/01/2021
30 000	CO_2/km < 20 g	CO_2/km < 20 g	CO_2/km < 20 g	CO_2/km < 20 g	CO_2/km < 20 g
20 300	20 ≤ CO_2/km < 60 g	20 ≤ CO_2/km < 60 g	20 ≤ CO_2/km < 60 g	20 ≤ CO_2/km < 60 g	20 ≤ CO_2/km < 60 g
18 300	60 ≤ CO_2/km < 155 g	60 ≤ CO_2/km < 150 g	60 ≤ CO_2/km < 140 g	60 ≤ CO_2/km < 135 g	60 ≤ CO_2/km < 130 g
9 900	CO_2/km > 155 g	CO_2/km > 150 g	CO_2/km > 140 g	CO_2/km > 135 g	CO_2/km > 130 g

Pour les véhicules acquis ou pris en crédit-bail avant 2017, le plafond était de 18 300 € si CO_2/km ≤ 200 g (9 900 € si CO_2/km > 200 g).

Pour les véhicules relevant du nouveau dispositif d'immatriculation, de nouvelles limites d'amortissement sont prévues. L'entrée en vigueur du nouveau barème est prévue le 1er juillet 2020.

Seuils (€)	9 900	18 300	20 300	30 000
Véhicules acquis avant le 01/01/2021	> 165 g	De 50 g à 165 g	De 20 g à 49 g	De 0 g à 19 g
Véhicules acquis à compter du 01/01/2021	> 160 g	De 50 g à 160 g		

DÉDUCTIBILITÉ DES CHARGES DÉCAISSABLES

Éléments	Analyse	RF
Comptes 6 : Dépenses somptuaires (dépenses ayant trait à la chasse et à la pêche, acquisition, location, dépenses d'entretien et amortissement de résidences et de bateaux de plaisance, amortissement des voitures particulières pour la fraction de leur prix d'acquisition excédant le plafond fiscal	Les dépenses somptuaires ne sont pas déductibles. *La loi autorise la déductibilité des dépenses somptuaires ayant trait à l'achat, la location et l'entretien des demeures historiques, lorsque ces dépenses sont exposées pour les besoins de l'exploitation (séminaires, accueil des clients) et des dépenses relatives aux résidences ou bateaux de plaisance exposées en faveur de l'ensemble du personnel de l'entreprise (dépenses à caractère social)*	X
60 : Achats de MP, autres approvisionnements et marchandises	Les achats sont normalement déductibles, pour le montant hors net des remises commerciales au titre de l'exercice de leur rattachement.	
611 : Sous-traitance générale	La sous-traitance est normalement déductible à condition d'être engagée dans l'intérêt de l'entreprise.	
6122 : Redevances de crédit-bail mobilier	Les redevances de crédit-bail du matériel ou du mobilier sont normalement déductibles à condition d'être engagées dans l'intérêt de l'entreprise.	
6122 : Redevances de crédit-bail des voitures particulières	Les redevances de crédit-bail de véhicules de tourisme ne sont déductibles qu'à concurrence d'un plafond identique à celui applicable à l'amortissement des véhicules : **RF = (Prix d'acquisition TTC – Plafond) / Durée d'utilisation** *Un prorata temporis est appliqué pour les contrats signés au cours de l'exercice.*	X

Éléments	Analyse	RF
6125 : Redevances de crédit-bail immobilier	*En cours de contrat,* Si Valeur du terrain > Valeur de l'option : **Part des loyers non déductibles = Vo du terrain – Valeur de l'option** *À la levée de l'option,* Si VNC fiscale de l'ensemble immobilier > Valeur de l'option : **RF = VNC fiscale de l'ensemble immobilier – Valeur de l'option – Part des loyers non déductibles**	X X
613 : Loyers et charges locatives de locaux professionnels et de matériel	Les loyers et charges locatives des locaux professionnels, du matériel ou du mobilier sont normalement déductibles, sous réserve de ne pas excéder la valeur locative des biens loués.	
613 : Loyers des voitures particulières de courte durée	Les locations de véhicules de tourisme de courte durée (n'excédant pas 3 mois) sont normalement déductibles.	
613 : Loyers des voitures particulières d'une durée > 3 mois	Les locations de véhicules de tourisme d'une durée **supérieure à 3 mois** ne sont déductibles qu'à concurrence d'un plafond identique à celui applicable à l'amortissement des véhicules : **RF = (Prix d'acquisition TTC – Plafond) / Durée d'utilisation** *Un prorata temporis est appliqué, correspondant au temps durant lequel le locataire a disposé du véhicule.*	X
615 : Entretien et réparations	Les dépenses courantes d'entretien et de réparation sont normalement déductibles, sous réserve d'être effectuées dans l'intérêt de l'entreprise et que leur effet est de maintenir le bien en état d'usage et de fonctionnement sans augmenter va valeur, ni sa durée d'utilisation.	
616 : Primes d'assurances de dommages	Les contrats d'assurances, dont l'objet est de garantir l'entreprise contre la perte d'éléments d'actif (vol, incendie) ou les pertes d'exploitation dues à certains évènements (insolvabilité des clients) sont normalement déductibles.	
616 : Primes d'assurance-vie sur la tête des dirigeants	Les primes portant sur des contrats d'assurance-vie souscrits au profit de l'entreprise sur la **tête des dirigeants** ne sont pas déductibles.	X
616 : Primes d'assurance-vie sur la tête d'un « homme clé »	Les primes portant sur des contrats d'assurance « **hommes clé** », dont l'objet est de prémunir l'entreprise contre les baisses de chiffre d'affaires liées à la disparition ou à l'incapacité du chef d'entreprise ou de toute personne ayant un rôle majeur au sein de l'entreprise, sont normalement déductibles.	

Éléments	Analyse	RF
616 : Primes d'assurance, destinées à garantir le remboursement d'un emprunt, imposées par l'organisme prêteur	Les primes portant sur des contrats d'assurance, dont l'objet est de garantir le remboursement d'un emprunt, sont normalement déductibles si la souscription du contrat **est imposée par l'organisme prêteur**.	
616 : Primes d'assurance, destinées à garantir le remboursement d'un emprunt, volontairement souscrites par l'entreprise	Les primes portant sur des contrats d'assurance, dont l'objet est de garantir le remboursement d'un emprunt, ne sont pas déductibles si le contrat est **volontairement souscrit** par l'entreprise. *Le montant global des primes versées sera déductible du montant du remboursement de l'emprunt effectué par la compagnie d'assurances au moment du décès de l'assuré ; la taxation du profit net peut être échelonnée, par fractions égales, sur 5 ans.*	X
616 : Primes d'assurances à caractère social	Les primes portant sur des contrats d'assurance-vie ou des contrats destinés à assurer une protection sociale supplémentaire, souscrits au profit des membres du personnel ou des dirigeants, sont considérées comme un complément de rémunération et sont normalement déductibles.	
617 : Études et recherches	Les dépenses de recherche sont obligatoirement comptabilisées en charges normalement déductibles. Les dépenses de développement peuvent au choix, être immobilisées (si conditions d'activation réunies) ou constatées en charges normalement déductibles.	
6181, 6183 : Documentation	La documentation achetée est normalement déductible à condition d'être effectuée dans l'intérêt direct de l'entreprise.	
6185 : Frais de colloques, séminaires, conférences	Les frais de colloques, séminaires, conférences sont normalement déductibles à condition d'être effectués dans l'intérêt direct de l'entreprise.	
621 : Personnel extérieur	Les dépenses sont normalement déductibles.	
622 : Rémunérations d'intermédiaires et honoraires	Les rémunérations d'intermédiaires et les honoraires sont normalement déductibles s'ils correspondent à des prestations effectuées dans l'intérêt de l'entreprise et s'ils relèvent d'une gestion normale.	
623 : Dépenses de publicité	Les dépenses de publicité sont normalement déductibles.	
623 : Dépenses de publicité prohibées	Les dépenses afférentes aux publicités prohibées (boissons alcoolisées) ne sont pas déductibles.	X

Éléments	Analyse	RF
623 : Dépenses de parrainage	Les dépenses de « sponsoring » sont normalement déductibles lorsqu'elles sont engagées dans le cadre de manifestations de caractère éducatif, scientifique, sportif, familial, culturel, humanitaire, sous réserve d'être engagées dans l'intérêt direct de l'entreprise (identité de l'entreprise assurée).	
6234 : Cadeaux	Les cadeaux d'entreprise sont normalement déductibles à condition d'être effectués dans l'intérêt direct de l'entreprise et que leur valeur ne soit pas excessive.	
624 : Transports de biens	Les frais de port sont normalement déductibles.	
6251, 6256 : Déplacements, missions	Les frais de déplacement sont normalement déductibles à condition d'être exposés dans le cadre de l'activité professionnelle et assortis de justifications suffisantes.	
6257 : Frais de réception et de représentation	Les frais de réception et de représentation sont normalement déductibles à condition d'être exposés dans le cadre de l'activité professionnelle et assortis de justifications suffisantes.	
626 : Frais postaux et de télécommunications	Les frais postaux et de télécommunication sont normalement déductibles à condition d'être exposés dans le cadre de l'activité professionnelle.	
627 : Services bancaires	Les services bancaires et assimilés sont normalement déductibles	
6311 : Taxe sur les salaires	La taxe sur les salaires, à la charge de l'entreprise, est normalement déductible.	
6312 : Taxe d'apprentissage	La taxe d'apprentissage, à la charge de l'entreprise, est normalement déductible.	
6313 ou 6333 : Participation des employeurs à la formation professionnelle continue	La participation des employeurs à la formation continue, à la charge de l'entreprise, est normalement déductible.	
6334 : Participation des employeurs à l'effort de construction	La participation des employeurs à l'effort de construction, à la charge de l'entreprise, est normalement déductible.	
63511 : Contribution économique territoriale	La CET, à la charge de l'entreprise, est normalement déductible.	
63512 : Taxes foncières	La taxe foncière à la charge de l'entreprise, est normalement déductible sous réserve que les immeubles figurent à l'actif du bilan.	
63513 : Autres impôts locaux	La déduction de la taxe d'habitation est expressément interdite par la loi (impôt personnel).	X

Éléments	Analyse	RF
63514 : Taxe sur les véhicules de sociétés (TSVS)	*Voir cas particulier BIC / IS*	
6354 : Droits d'enregistrement et de timbre	Les droits d'enregistrement, à la charge de l'entreprise, sont normalement déductibles.	
6371 : Contribution sociale de solidarité (C3S)	La C3S, à la charge des sociétés, est normalement déductible au titre de l'année suivante (**décalage d'1 an**). **Ne pas omettre de déduire fiscalement la C3S de N-1**. *Les petites entreprises sont exonérées de la C3S si le CA HT est inférieur à 19 M€.*	X DF
641 : Rémunérations du personnel	Les salaires versés au personnel sont des charges normalement déductibles s'ils correspondent à un travail effectif et sont d'un montant non exagéré eu égard les services rendus.	
6413 : Primes et gratifications	La prime d'intéressement est une charge normalement déductible au titre de l'exercice au cours duquel elle est versée.	
6414 : Indemnités	Les indemnités de congés payés et les indemnités pour départ en retraite sont normalement déductibles ; les indemnités de licenciement versées aux salariés et les indemnités de congédiement versées aux dirigeants sont normalement déductibles si elles relèvent de décisions de gestion normale.	
644 : Rémunération du travail de l'exploitant	*Voir cas particulier BIC*	
645 : Charges de sécurité sociale et de prévoyance	Les charges sociales liées aux rémunérations du personnel, versées dans le cadre des régimes obligatoires, complémentaires ou facultatifs, sont normalement déductibles.	
646 : Cotisations sociales personnelles de l'exploitant	*Voir cas particulier BIC*	
651 : Redevances versées pour la concession de droits de propriété intellectuelle	Les redevances versées sont normalement déductibles.	
654 : Pertes sur créances irrécouvrables	Les pertes irrécouvrables sont normalement déductibles à condition de se rapporter à des créances comptabilisées et que le caractère irrécouvrable soit justifié.	
656 : Pertes de change sur créances et dettes commerciales	Les pertes de change sur créances et dettes commerciales sont normalement déductibles.	
6611 : Intérêts des sommes dues à des tiers	Les intérêts sont normalement déductibles, à condition que la dette contractée soit dans l'intérêt de l'entreprise et soit inscrite au bilan.	

Éléments	Analyse	RF
6611 : Frais financiers dus aux prélèvements personnels de l'exploitant	*Voir cas particulier BIC*	
6611 : Intérêts servis au capital engagé par l'exploitant	*Voir cas particulier BIC*	
6615 : Rémunération des comptes courants d'associés	Les intérêts versés aux associés sont normalement déductibles sous réserve de la libération totale du capital, et dans la limite d'un taux (TMPV). Si Taux de rémunération (i) > TMPV, la fraction non déductible des intérêts doit faire l'objet d'une réintégration fiscale : **RF = ∑ versées en cca x (i – TMPV)** *Un prorata est appliqué si la somme versée ne s'étend pas du 01/01 au 31/12.*	X
666 : Pertes de change financières	Les pertes de change financières sont normalement déductibles.	
667 : Charges nettes sur cessions de VMP	*Voir Régime des plus ou moins-values (cas particuliers BIC / IS)*	
6712 : Pénalités et amendes	Les pénalités et amendes infligées par le non-respect des obligations légales, ne sont jamais déductibles, quelle que soit leur nature.	X
6713 : Dons et libéralités	Les dons sont normalement déductibles s'ils sont accordés dans l'intérêt direct de l'entreprise et s'ils relèvent d'une gestion commerciale normale. Les dons consentis dans l'intérêt du personnel et les versements effectués au comité d'entreprise sont normalement déductibles (**satisfaction collective du personnel**).	
6713 : Dons effectués au titre du mécénat d'entreprise	Les dons effectués au titre du mécénat, au profit d'œuvres ou d'organismes d'intérêt général, ne sont pas déductibles ; ils ouvrent droit à une réduction d'impôt égale à 60 % de leur montant (40 % pour les dons > 2 M€, sauf pour les dons bénéficiant à certains organismes d'aide aux personnes en difficulté), dans la limite du plafond de **20 000 €** ou celui de **5 ‰ du CA HT** lorsque ce montant est plus élevé. *Si les dons excèdent cette limite, l'excédent est reporté successivement sur les 5 exercices suivants et ouvre droit à la réduction d'impôt dans les mêmes conditions.*	X
6714 : Créances devenues irrécouvrables	Les pertes irrécouvrables sont normalement déductibles à condition de se rapporter à des créances comptabilisées et que le caractère irrécouvrable soit justifié.	

Éléments	Analyse	RF
6715 : Subventions accordées	Les subventions accordées sont normalement déductibles.	
6717 : Rappels d'impôts concernant des impôts déductibles	Les rappels d'impôts sont normalement déductibles s'ils concernent un **impôt déductible**.	
6717 : Rappels d'impôts concernant des impôts non déductibles	Les rappels d'impôts ne sont pas déductibles s'ils concernent un **impôt non déductible**.	X
675 : Valeurs comptables des éléments d'actif cédés	*Voir Régime des plus ou moins-values (cas particuliers BIC / IS)*	
6788 : Aides à caractère commercial accordées à des tiers	Les aides accordées (subventions, abandons de créances à caractère commercial consentis) sont normalement déductibles si elles relèvent d'une gestion normale.	
695 : Impôts sur les bénéfices	*Voir cas particulier IS*	
699 : Produits – Report en arrière des déficits	*Voir cas particulier IS*	

DÉDUCTIBILITÉ DES AMORTISSEMENTS

Pour être déductibles, les amortissements doivent être réellemen[t] enregistrés en comptabilité et ne doivent pas être exclus du résulta[t] imposable par une disposition expresse de la loi. La règle de l'amor[-]tissement minimum doit être respectée (somme des amortissement[s] pratiqués ≥ au cumul des amortissements calculés selon le mod[e] linéaire).

Modalités de calculs des amortissements

Base amortissable

Base amortissable comptable

Valeur d'entrée – Valeur résiduelle

Valeur d'entrée =

Prix d'achat HT net de remises et d'escomptes

+ Droits de douane
+ Coûts directement attribuables (livraison, installation...)
+ Frais d'acquisition activables (méthode de référence)
+ Coûts d'emprunts activables (sous conditions)
+ TVA non récupérable : Valeur d'entrée HT + (Valeur d'entrée HT × Taux de TVA) × (1 – CDE)

Valeur résiduelle =

Valeur vénale à l'issue de la durée d'utilisation

– Coûts nets de sortie

Base amortissable fiscale

Valeur d'entrée

Durée d'amortissement

Durée d'amortissement comptable

Durée d'utilisation réelle retenue par l'entreprise

Durée d'amortissement fiscale

Durée d'usage, en respect des pratiques admises pour certaines catégories de biens

Mesure de simplification réservée aux PME ne dépassant pas deux des trois seuils suivants :

Total bilan < 6 M€

CA HT < 12 M€

Effectif < 50

Si la durée d'usage est inférieure à la durée comptable, ces PME peuvent pratiquer l'amortissement comptable sur la ***durée la plus courte***, évitant ainsi la constatation d'amortissements dérogatoires.

Modes d'amortissement

Modes d'amortissement comptables

Amortissement en unités d'œuvre (uo)

Annuité = Base amortissable **comptable** × Nombre d'uo de l'année / Total des uo

Amortissement linéaire

Annuité = Base amortissable **comptable** × Taux linéaire ou Base amortissable **comptable** / Durée d'amortissement **comptable**

Modes d'amortissement fiscaux

Amortissement linéaire

Annuité = Base amortissable **fiscale** x Taux linéaire ou Base amortissable **fiscale** / Durée d'amortissement **fiscale**

Amortissement dégressif

Annuité =
Base amortissable **fiscale** x Taux dégressif (première année)
VNC fiscale x Taux dégressif (années suivantes)

Le taux dégressif est le taux linéaire (100 % / Durée fiscale), auquel est appliqué un coefficient de **1,25** (durée comprise entre 3 et 4 ans) **1,75** (durée comprise entre 5 et 6 ans) et **2,25** (durée > 6 ans) ; si le taux linéaire, calculé sur le nombre d'années restantes, devient > au taux dégressif, on pratique le taux linéaire approprié.

Amortissement exceptionnel

- Logiciels acquis et sites internet acquis avant le 1er janvier 2017

Dispositif réservé aux PME au sens communautaire :

- Robots industriels acquis ou créés entre le 1er octobre 2013 et le 31 décembre 2016 ;
- Imprimantes 3D acquises ou créées entre le 1er octobre 2015 et le 31 décembre 2017.

Divergences entre les règles fiscales et comptables

Eléments	Règles fiscales	Règles comptables
Base amortissable	Valeur d'entrée	Valeur d'entrée – Valeur résiduelle
Durée d'amortissement	Durée d'usage	Durée réelle
Modes d'amortissement	Linéaire Dégressif Exceptionnel	Unités d'œuvre Linéaire

<table>
<tr><th>Éléments</th><th>Analyse</th><th>RF</th></tr>
<tr><td>6811 : Dotations aux amortissements sur biens somptuaires</td><td>Charges non déductibles</td><td>X</td></tr>
<tr><td>6811 : Dotations aux amortissements sur véhicules de tourisme</td><td>Charges non déductibles pour la fraction supérieure au plafond fiscal :
RF = Vo TTC – Plafond fiscal) / Durée d'utilisation

S'il existe une VR ou une durée d'usage :
<table>
<tr><th>Amortissement fiscalement déductible</th><th>Amortissement fiscal</th><th>Amortissement comptable</th></tr>
<tr><td>Base :
Base fiscale</td><td>Base :
PA TTC</td><td>Base
PA TTC – VR</td></tr>
<tr><td>Durée d'usage</td><td>Durée d'usage</td><td>Durée réelle</td></tr>
</table>

- Si Amortissement fiscal > Amortissement comptable :
DAP dérogatoire normalement déductible =
Amortissement fiscal – Amortissement comptable :
RF = Amortissement fiscal – Amortissement fiscalement déductible
- Si Amortissement fiscal > Amortissement comptable :
DAP dérogatoire = 0
RF = Amortissement comptable – Amortissement fiscalement déductible</td><td>X
X
X</td></tr>
<tr><td>6811 : Dotations aux amortissements sur biens donnés en location à une personne physique</td><td>Charges normalement déductibles dont le montant est limité à :
Loyers annuels + Avantages en nature – Charges afférentes aux biens loués (entretien, taxe foncière…) :
RF = Dotation comptabilisée – Limite de déductibilité</td><td>X</td></tr>
<tr><td>6811 : Dotations aux amortissements irrégulièrement différés (AID) et régulièrement différés (ARD)</td><td>- Si ∑ Amortissements linéaires à la clôture de l'omission > ∑ Amortissements fiscaux comptabilisés à la clôture de l'omission :
AID = ∑ Amortissements linéaires à la clôture de l'omission – ∑ Amortissements fiscaux comptabilisés à la clôture de l'omission
Les AID ne sont pas déductibles.

ARD = DAP omise – AID
Les ARD sont normalement déductibles.
- Si ∑ Amortissements linéaires à la clôture de l'omission < ∑ Amortissements fiscaux comptabilisés à la clôture de l'omission :
AID = 0</td><td>X</td></tr>
</table>

Éléments	Analyse	RF
6811 : Dotations aux amortissements de la structure (immobilisations décomposées)	Possibilité d'amortir fiscalement la structure sur la durée d'usage de l'immobilisation dans son ensemble (sauf pour les immeubles de placement), si cette dernière est plus courte que la durée d'utilisation de la structure, permettant à l'entreprise de bénéficier du maximum de déductibilité par le biais d'un amortissement dérogatoire, normalement déductible.	
6811 : Dotations aux amortissements des composants de 1re catégorie (immobilisations décomposées)	Possibilité d'amortir fiscalement le composant sur la durée fiscale de la structure si cette dernière est plus courte que la durée d'utilisation du composant, permettant à l'entreprise de bénéficier du maximum de déductibilité par le biais d'un amortissement dérogatoire, normalement déductible.	
6811 : Dotations aux amortissements des composants de 2e catégorie (immobilisations décomposées)	La méthode des composants de **2e catégorie** n'étant pas reconnue fiscalement, la durée d'amortissement doit être la même que celle de l'immobilisation dans son ensemble : **RF = (Prix du composant / Durée de l'immobilisation) – (Prix du composant / Durée du composant)** Lors du remplacement du composant, les retraitements fiscaux suivants doivent être effectués : **RF = VNC de l'ancien composant** **DF = Prix du nouveau composant** **RF = DAP du nouveau composant – (∑ Amortissements réintégrés antérieurement / Durée d'amortissement résiduelle de la structure)**	X DF X

DÉDUCTIBILITÉ DES DÉPRÉCIATIONS ET DES PROVISIONS

Pour pouvoir être admises en déduction, la provision doit être destinée à faire face à une perte ou une charge déductible, la perte ou la charge doit être nettement précisée ; la perte ou la charge doit être probable ; la probabilité de la perte ou de la charge doit résulter d'évènements en cours et la provision doit être constatée en comptabilité.

Éléments	Analyse	RF
6815 : Dotations aux provisions pour litiges	Les provisions sont normalement déductibles si les conditions générales de déduction sont respectées (le litige doit déjà être né à la clôture).	
6815 : Dotations aux provisions pour garanties données aux clients	Les provisions sont normalement déductibles si l'entreprise est en mesure d'estimer statistiquement avec une fiabilité suffisante la charge que représentera la garantie afférente aux opérations réalisées.	

Éléments	Analyse	RF
6815 : Dotations aux provisions pour amendes et pénalités	Les provisions ne sont pas déductibles	X
6815 : Dotations aux provisions pour rémunérations et gratifications	Les provisions sont normalement déductibles à la condition que l'entreprise ait pris un engagement ferme et irrévocable à l'égard des salariés sur le principe de versement et sur le mode de calcul des rémunérations dues, et que l'obligation de payer ultérieurement ces dernières soit certaine	
6815 : Dotations aux provisions de propre assureur	Les provisions ne sont pas déductibles car elles ne correspondent qu'à des risques éventuels échappant à toute individualisation précise.	X
6815 : Dotations aux provisions pour charges de retraite	Le CGI interdit toute déduction des provisions constituées en vue de faire face au versement d'allocations en raison du départ à la retraite ou préretraite.	X
6815 : Dotations aux provisions pour congés payés	Les droits à congés payés acquis à la clôture d'un exercice et les charges sociales et fiscales correspondantes sont normalement déductibles du résultat de l'exercice. Pour les entreprises qui ont opté de façon irrévocable pour l'ancien régime (avant le 01/01/1987), la provision est normalement déductible au titre de **l'année suivante (décalage d'1 an).** **Ne pas omettre de déduire fiscalement la provision de N-1**	X DF
6815 : Dotations aux provisions pour licenciement pour motif personnel	Les provisions pour licenciement pour motif personnel et pour licenciement dans le cadre d'un redressement ou d'une liquidation judiciaire sont normalement déductibles.	
6815 : Dotations aux provisions pour licenciement pour motif économique	Les provisions pour licenciement pour motif économique ne sont pas déductibles pour la fraction correspondant aux **indemnités légales**. Les autres indemnités (**préavis, congés payés**), les **frais de restructuration** et les **dépenses liées à la reconversion du personnel** ne sont pas visées par l'interdiction.	X
6815 : Dotations aux provisions pour impôts	Les provisions sont normalement déductibles si elles concernent des **impôts déductibles**, présentant un caractère permanent et qui seront dus à raison de faits survenus au cours de l'exercice concerné.	
6815 : Dotations aux provisions pour impôts	Les provisions pour impôts ne sont pas déductibles lorsqu'il s'agit d'**impôts non déductibles**.	X

Éléments	Analyse	RF
6815 : Dotations aux provisions pour remise en état	Les provisions pour gros entretien ou grandes révisions (composants de **seconde catégorie**) sont normalement déductibles	
6815 : Dotations aux provisions pour pertes sur contrats à long terme	Pour les contrats à terme déficitaires, la provision constatée n'est déductible qu'à hauteur de la différence entre le coût des travaux exécutés à la clôture (CP) et le prix de vente révisé et accepté. Perte à terminaison = Prix de vente estimé – CP prévisionnel % d'avancement = Coûts engagés à la clôture / Coût de revient prévisionnel **Provision dépréciation des encours = Perte à terminaison x Pourcentage d'avancement** Elle est normalement déductible (sauf la quote-part liée aux frais de distribution). **Provision pour risques = Perte à terminaison – Provision pour dépréciation des encours** Elle n'est pas déductible.	X
6816 : Dotations aux dépréciations des immobilisations incorporelles et corporelles non amortissables	Les provisions sont normalement déductibles lorsque les immobilisations ne se déprécient pas de manière irréversible.	
6816 : Dotations aux dépréciations des immobilisations incorporelles et corporelles amortissables	En présence d'indices internes ou externes de perte de valeur d'un actif, un test de dépréciation permet de comparer la valeur actuelle de l'actif à sa VNC : Provision comptabilisée = Max (Valeur vénale nette, Valeur d'usage) – VNC comptable **Provision pour dépréciation admise en déduction = Valeur vénale brute – VNC fiscale** Si Provision comptabilisée > Provision fiscalement admise : **la différence doit être faire l'objet d'une réintégration fiscale**	X
6816 : Dotations aux dépréciations des fonds de commerce	Les provisions sont normalement déductibles si une dépréciation de l'ensemble est justifiée par une baisse du chiffre d'affaires et des pertes successives. *Pour les fonds commerciaux dont la durée d'utilisation n'est pas limitée, un test de dépréciation doit être effectué au moins une fois par exercice, qu'il existe ou non un indice de perte de valeur.*	

Éléments	Analyse	RF
6817 : Dotations pour dépréciation des stocks	Les provisions sont normalement déductibles si l'entreprise est apte à justifier la probabilité du risque de vendre à un prix (PV) inférieur au coût de revient (PR) : Provision comptabilisée = PV – PR **Provision pour dépréciation admise en déduction = PV – (PR – Frais de commercialisation)** Si Provision comptabilisée > Provision fiscalement admise : **la différence doit être faire l'objet d'une réintégration fiscale**	X
6817 : Dotations pour dépréciation des créances douteuses	Les provisions sont normalement déductibles si le risque de non-recouvrement est nettement précisé et si les évènements en cours à la date de clôture rendent probable la perte. L'administration fiscale admet la déduction forfaitaire si le pourcentage de perte probable s'appuie sur des données statistiques précises. Les provisions ne sont pas déductibles **si l'entreprise est assurée contre les risques d'insolvabilité de ses clients**.	X
6861 : Dotations aux amortissements des primes de remboursement des obligations	L'amortissement des primes de remboursement des obligations est normalement déductible.	
6815 et 6865 : Dotations aux provisions pour pertes de change	Les provisions pour pertes de change ne sont pas déductibles.	X
6866 : Dotations pour dépréciations des éléments financiers	*Voir Régime des plus ou moins-values (cas particuliers BIC / IS)*	
68725 : Amortissements dérogatoires	L'amortissement dérogatoire est normalement déductible.	
6873 : Dotations aux provisions réglementées – Provision pour hausse des prix	Pour une matière ou un produit, une entreprise qui constate, au cours d'une période n'excédant pas deux exercices successifs, une hausse de prix > 10 %, peut constituer une provision pour hausse des prix ; elle est facultative et est normalement déductible : - soit la hausse du prix entre N–1 et N est > 10 % : $\mathbf{DAP_N = [P_N - (1{,}10 \times P_{N-1}] \times Q_N}$ - soit la hausse du prix entre N–1 et N est ≤ 10 % : Si Hausse du prix entre N–2 et N ≤ à 10 % : $\mathbf{DAP_N = 0}$ Si Hausse du prix entre N–2 et N > 10 % : $\mathbf{DAP_N = [P_N - (1{,}10 \times P_{N-2}] \times QN - DAP_{N-1}}$	

Éléments	Analyse	RF
691 : Participation des salariés aux résultats	La participation est une charge déductible du bénéfice de l'**exercice suivant** celui dont les résultats ont servi de base au calcul de la participation (**décalage d'un an**). **Ne pas omettre de déduire la participation de N–1**.	X DF
695 : Impôts sur les bénéfices	*Voir cas particulier IS*	
699 : Produits – Report en arrière des déficits	*Voir cas particulier IS*	

4 DÉDUCTIONS EXCEPTIONNELLES BIC ET IS

Éléments	Analyse	DF
Déductions exceptionnelles en faveur de l'investissement productif	Les entreprises peuvent déduire de leur résultat imposable une somme égale à 40 % de la valeur d'origine de certains biens d'équipement acquis ou fabriqués entre le 15/04 2015 jusqu'au 14/04/2017 et d'équipements robotiques, imprimantes 3D… acquis neufs entre le 01/01/2019 et le 31/12/2020 ; certains véhicules acquis neufs entre le 01/01/2016 et le 31/12/2018, et entre le 01/01 2019 ou le 01/01/2020 et le 31/12/2021, bénéficient d'une déduction de 20 %, 40 % ou 60 % selon leur poids total autorisé en charge (PTAC) et le carburant utilisé (voir CGI art. 39 decies A). La déduction est répartie linéairement sur la durée normale d'utilisation des biens, à compter du premier jour du mois de l'achat ou de la fabrication.	X

5 VARIATIONS DE CHANGE ET ÉCART DE RÉÉVALUATION LIBRE BIC ET IS

VARIATIONS DE CHANGE

Éléments	Analyse	RF	DF
476 : Écarts de conversion Actif à la clôture N (perte latente)	Les pertes latentes doivent être prises en compte dans le résultat de l'exercice et être déduites fiscalement.		X
477 : Écarts de conversion Passif à la clôture N (gain latent)	Les gains latents doivent être pris en compte dans le résultat de l'exercice et être réintégrés fiscalement.	X	
476 : Contrepassation de la perte latente N–1 à la réouverture de l'exercice N	La contrepassation des pertes latentes doit être réintégrée fiscalement.	X	
477 : Contrepassation du gain latent N–1 à la réouverture de l'exercice N	La contrepassation des gains latents doit être déduite fiscalement.		X
6815, 6865 : Provision pour perte de change N à la clôture N	Provision non déductible.	X	
7815, 7865 : Reprise de la provision pour perte de change N–1 à la clôture N	Reprise non imposable car la provision n'est pas déductible.		X
656, 666 : Pertes de change	Charges normalement déductibles.		
756, 766 : Gains de change	Produits normalement imposables.		

ÉCART DE RÉÉVALUATION LIBRE

Éléments	Analyse	RF
1052 : Écart de réévaluation libre	L'écart de réévaluation (E) est imposable et doit donc faire l'objet d'une réintégration fiscale. **E = Valeur d'utilité – VNC**	X

6 RÈGLES APPLICABLES AUX BIC

IMPOSITION DES PRODUITS ET DÉDUCTIBILITÉ DES CHARGES APPLICABLES AUX BIC

Les BIC sont les bénéfices provenant de l'exercice d'une profession commerciale par nature ou d'une activité assimilée, exercée par une ***personne physique (exploitant individuel)*** ou par une société ne relevant pas de l'impôt sur les sociétés ***(sociétés de personnes)*** ; ils constituent l'une des catégories de revenus passibles de l'impôt sur le revenu.

Si ***le domicile du contribuable se trouve en France***, l'ensemble des BIC réalisés sont imposables en France, qu'ils soient de source française ou étrangère, excepté pour les bénéfices réalisés dans un pays étranger lié à la France par une convention fiscale internationale.

Si ***le domicile fiscal du contribuable est hors de France***, seuls les BIC réalisés en France sont imposables en France.

Les produits et charges, se rapportant à des biens inscrits au bilan, dont l'***usage est mixte*** (personnel et professionnel), doivent être ventilés pour que la ***partie personnelle soit neutralisée*** pour le calcul du résultat fiscal. Certains biens composant le ***patrimoine privé*** peuvent être ***affectés à l'activité professionnelle*** lorsqu'ils sont utilisés pour les ***besoins de l'exploitation***.

En cas d'***option expresse de l'exploitant***, les produits ne provenant pas de l'activité ≤ ***5 %*** de l'ensemble des produits de l'exercice, peuvent être compris dans le résultat fiscal ; ce montant est porté à 10 % si la condition de 5 % était remplie au titre de l'exercice précédent.

Éléments	Analyse	RF	DF
708, 752 : Revenus des immeubles figurant à l'actif du bilan et non affectés à l'activité professionnelle	Les loyers et autres revenus **non affectés à l'activité professionnelle** ne sont pas imposables. Si l'immeuble est affecté à l'habitation de l'exploitant, le montant du loyer qui aurait dû être demandé à ce dernier relève des règles applicables en matière de revenus fonciers.		X
761, 762, 764 : Dividendes et produits de titres à revenus fixes	Les dividendes doivent être déduits du résultat pour être déclarés dans la catégorie des **revenus des capitaux mobiliers** (RCM), permettant à l'exploitant de bénéficier des modalités d'imposition de ces RCM.		X
634514 : TSVS	La taxe sur les véhicules de sociétés est normalement déductible.		
641 : Rémunération du conjoint de l'exploitant	Le salaire du conjoint est entièrement déductible, quel que soit le régime matrimonial (régime de la communauté ou de la séparation des biens), que l'entreprise soit adhérente ou non à un centre de gestion agréé (CGA). La déductibilité est subordonnée à un **travail effectif** et au **paiement des cotisations** prévues par la sécurité sociale et autres prélèvements sociaux en vigueur.		
641 : Rémunération des autres membres de la famille de l'exploitant	Les rémunérations versées aux autres membres de la famille sont normalement déductibles à condition que les intéressés exercent des **fonctions salariées** et que leurs **rémunérations ne soient pas excessives**.		
644 : Rémunération du travail de l'exploitant	La rémunération de l'exploitant est assimilée à un **prélèvement de bénéfice** et n'est donc pas déductible. *Si elle a été comptabilisée dans le compte de l'exploitant (compte 108), aucune correction fiscale n'est à opérer.*	X	
645 : Charges de sécurité sociale et de prévoyance	Les charges sociales liées aux rémunérations du personnel, versées dans le cadre des régimes obligatoires, complémentaires ou facultatifs, sont normalement déductibles.		

Éléments	Analyse	RF	DF
646 : Cotisations sociales personnelles de l'exploitant	Les cotisations sociales de l'exploitant versées au titre des régimes obligatoires de base ou complémentaires sont normalement déductibles. Celles versées au titre de régimes facultatifs sont déductibles à hauteur de plafonds proportionnels aux revenus. Les cotisations sociales des associés des sociétés de personnes ne sont pas déductibles au niveau de la société car elles seront déduites au niveau de chaque associé sur la quote-part du résultat fiscal qui lui revient		X
661 : Frais financiers dus aux prélèvements personnels de l'exploitant	Si le compte de l'exploitant devient débiteur à la suite de prélèvements effectués par ce dernier, seuls les intérêts sur emprunts et sur découverts bancaires figurant au bilan, se rapportant à la fraction des sommes empruntées excédant le solde débiteur du compte de l'exploitant, sont normalement déductibles. **RF = Intérêts x Solde moyen de l'exploitant / Montant moyen des prêts**	X	
661 : Intérêts servis au capital engagé par l'exploitant	Les intérêts ne sont pas déductibles.	X	
6. Impôt sur le revenu de l'exploitant	L'impôt sur le revenu lié au résultat BIC par l'activité n'est pas une charge pour l'entreprise. S'il a été comptabilisé en charges, il doit faire l'objet d'une réintégration fiscale. *S'il a été comptabilisé dans le compte de l'exploitant (compte 108), aucune correction fiscale n'est à opérer.*	X	

IMPOSITION DES PLUS-VALUES ET DÉDUCTIBILITÉ DES MOINS-VALUES

Table des abréviations

MVCT : Moins-value à court terme
PVCT : Plus-value à court terme
MVLT : Moins-value à long terme
PVLT : Plus-value à long terme

Calcul des plus ou moins-values fiscales

Biens	Valeur d'entrée	Σ Amortissements fiscaux	VNC fiscale	Prix de vente HT	± Values	± Values à CT	± Values à LT
	(1)	(2)	(1) – (2) = (3)	(4)	(4) – (3)		

Valeur d'entrée =
Prix d'achat HT net de remises et d'escomptes
+ Droits de douane
+ Coûts directement attribuables (livraison, installation…)
+ Frais d'acquisition activables (méthode de référence)
+ Coûts d'emprunts activables (sous conditions)
+ TVA non récupérable : Valeur d'entrée HT + [Valeur d'entrée HT × Taux de TVA × (1 – CDE)]
+ Reversements de TVA sur cessions d'immobilisations (a)
– Compléments de TVA sur cessions d'immobilisations (b)

(a) Cessions d'immobilisations non soumises à TVA, intervenant dans le délai de régularisation (5 ans pour les biens meubles et 20 ans pour les immeubles), pour lesquelles la TVA a été récupérée à l'achat (totalement ou partiellement)

Reversement de TVA =
Prix d'achat HT × Taux de TVA × CDE_{achat} × (20 ou 5 – n) / 20 ou 5

(b) Cessions d'immobilisations soumises à TVA, intervenant dans le délai de régularisation (5 ans pour les biens meubles et 20 ans pour les immeubles), pour lesquelles la TVA n'a pas été récupérée ou récupérée partiellement à l'achat

Complément de TVA =
Prix d'achat HT × Taux de TVA × (1 – CDE_{achat}) × (20 ou 5 – n) / 20 ou 5

(n) correspond au nombre d'années écoulées entre la date d'achat et la date de la cession

Évaluation des titres à la sortie

En cas de cession partielle des titres, la règle fiscale retenue est :

- ***la méthode du PEPS pour l'ensemble des titres*** ;
- ***la méthode du PEPS*** ou la méthode du ***CMUP pour les seuls titres de participation***.

Évaluation des titres à la clôture

La valeur d'inventaire à retenir est :

- ***la valeur d'utilité*** pour les titres de participation (valeur d'usage ou valeur économique) ;
- ***la valeur tenant compte des perspectives d'évolution générale*** de l'entreprise pour les TIAP ;

- ***le cours du dernier mois*** pour les autres titres immobilisés et les VMP ;
- ***la valeur probable de négociation*** pour les titres non cotés ;
- ***la valeur liquidative*** pour les titres d'OPCVM.

Qualification fiscale des plus ou moins-values

Éléments	Détention < 2 ans	Détention ≥ 2 ans
Biens non amortissables	MVCT ou PVCT	MVLT ou PVLT
Biens amortissables	MVCT ou PVCT	MVCT ou PVCT à concurrence des amortissements fiscaux, le solde à LT
Titres	Si lot rattaché : MVCT ou PVCT Si lot non rattaché : Produit normalement imposable ou charge normalement déductible	MVLT ou PVLT
DAP sur titres	MVLT	
RAP sur titres	PVLT	

Cas particulier de la cession d'un contrat de crédit-bail avant son terme

Plus-value constatée = Prix de cession

- si la détention du contrat est < 2 ans : la plus-value est à court terme ;
- si la détention du contrat est ≥ 2 ans, la plus-value est à court terme à concurrence des amortissements théoriques, le solde à long terme :

∑ Amortissements théoriques = (Prix d'acquisition du bien par le bailleur – Prix de l'option) x Nombre d'années écoulées / Durée du contrat

Analyse fiscale des plus ou moins-values

Table des abréviations

MVNCT : Moins-value nette à court terme
PVNCT : Plus-value nette à court terme
MVNLT : Moins-value nette à long terme
PVNLT : Plus-value nette à long terme
PS : Prélèvements sociaux

Éléments	Analyse	RF	DF
Revenus nets sur concessions de brevets et éléments assimilés (propriété intellectuelle) et de logiciels protégés par des droits d'auteurs	Le résultat net bénéficie sur option du taux réduit de 10 % (+ PS de 17,2 %) et fait l'objet d'une déduction fiscale, sous réserve qu'aucun lien de dépendance n'existe entre l'entreprise cédante et l'entreprise cessionnaire.		X
Revenus nets sur cessions de brevets et éléments assimilés (propriété intellectuelle) et de logiciels protégés par des droits d'auteurs	Le résultat net bénéficie sur option du taux réduit de 10 % (+ PS de 17,2 %) et fait l'objet d'une déduction fiscale, sous réserve que l'actif n'ait pas été acquis à titre onéreux depuis moins de deux ans et qu'il n'existe pas de lien de dépendance entre l'entreprise cédante et l'entreprise cessionnaire.		X
$MVNCT_N$	La MVNCT est normalement déductible du résultat fiscal imposé dans les conditions de droit commun.		
$PVNCT_N$ hors sinistre et expropriation	La PVNCT peut être étalée sur 3 ans et nécessite une déduction fiscale de 2 / 3 l'année de sa réalisation.		2/3 ($PVNCT_N$)
$PVNCT_{N-1}$ hors sinistre et expropriation	L'étalement de la PVNCT réalisée en N–1 nécessite une réintégration fiscale de 1/3 au titre des 2 années suivantes (N et N+1).	1/3 ($PVNCT_{N-1}$)	
$PVNCT_{N-2}$ hors sinistre et expropriation	L'étalement de la PVNCT réalisée en N–2 nécessite une réintégration fiscale de 1/3 au titre des 2 années suivantes (N-1 et N).	1/3 ($PVNCT_{N-2}$)	

Éléments	Analyse	RF	DF
$PVNCT_N$ sur sinistres et expropriations	La PVNCT sur sinistres et expropriations est imposée à compter de l'**année suivante** sur la durée d'étalement.		$PVNCT_N$
PVNCT **antérieure** sur sinistres et expropriations	La PVNCT sur sinistres et expropriations réalisée **antérieurement** doit être réintégrée fiscalement sur la durée de l'étalement (n) au titre des années suivantes. $n = [(V_1 \times n_1) + (V_2 \times n_2) + \ldots)] / (V_1 + V_2 + \ldots)$ *V_1, V_2, … = valeurs d'entrée des immobilisations ; n1, n2, = durée d'amortissement* ; n est arrondi par **excès** et ne peut pas dépasser **15 ans**	PVNCT/ n	
$PVNLT_N$	La PVNLT est déduite fiscalement car elle est imposée au taux réduit de 12,8 % (+ PS de 17,2 %).		$PVNLT_N$
$MVNLT_N$	La MVNLT est non déductible du résultat fiscal. Elle pourra s'imputer sur les **PVNLT** réalisées au cours des **10 exercices suivants**.	$MVNLT_N$	

Imposition de la plus-value nette à long terme

La ***plus-value nette à long terme sur sinistres et expropriation*** bénéficie d'un ***report de taxation de deux ans***, sauf en cas de ces-sation d'activité ; il ne s'agit que d'un report de paiement de l'impôt.

La PVNLT$_N$ est imposée au taux de 12,8 % + PS de 17,2 %, aprè avoir imputé :

- les MVNLT antérieures (maximum 10 ans) ;
- l'abattement de 10 % par année de détention entière au-delà d la 5e année pour les PVNLT$_N$ réalisées sur les biens immobilier affectés à l'exploitation (sauf terrains à bâtir et immeubles de pla cement).

Imposition de la PVNLT$_N$ =
(PVNLT$_N$ – MVNLT antérieures – Abattement sur les PVNLT$_N$ des immeubles) × 12,8 % + PS

Exonération des plus ou moins-values réalisées par les petite entreprises

Les entreprises, exerçant une activité depuis au moins 5 ans, et dor le chiffre d'affaires HT est compris entre certaines limites, bénéficier d'une exonération partielle ou totale des plus-values réalisées. Le C HT pris en compte est le CA HT moyen réalisé au cours des deu exercices précédents.

Règles applicables à l'IS

IMPOSITION DES PRODUITS ET DÉDUCTIBILITÉ DES CHARGES APPLICABLES À L'IS

	Éléments	Analyse	RF	DF
Produits	761 : Dividendes en provenance de filiales françaises : régime général	La société n'ayant pas opté pour le régime mère-fille (régime général), les dividendes sont normalement imposables.		
	761 : Dividendes en provenance de filiales françaises : régime mère-fille (*)	La société ayant opté pour le régime mère-fille, les dividendes perçus ne sont pas imposables, excepté une quote-part pour frais et charges de 5 % des dividendes : **DF = Dividendes** **RF = 5 % (Dividendes)**	X	X
	761 : Dividendes en provenance de filiales étrangères : régime général	Si la société n'a pas opté pour le régime mère-fille (régime général), les dividendes sont normalement imposables.		
	761 : Dividendes en provenance de filiales étrangères : régime mère-fille (*)	La société ayant opté pour le régime mère-fille, les dividendes perçus (dividendes nets) ne sont pas imposables, excepté une quote-part pour frais et charges de 5 % des dividendes bruts : **DF = Dividendes perçus** **RF = 5 % (Dividendes bruts)** *Dividendes bruts = 5 % Dividendes nets / (1 – Taux de retenue à la source)*	X	X
	762, 764 : Autres produits des titres à revenus fixes	Les autres produits des titres à revenus fixes sont normalement imposables.		

	Éléments	Analyse	RF	DF
Produits	7788 : Abandons de créances à caractère financier reçus	Les abandons à caractère financier sont normalement imposables. *La part non déductible, pour la société-mère qui consent l'abandon, peut être exonérée dans la filiale qui reçoit l'abandon, à condition que la filiale prenne l'engagement d'augmenter son capital au profit de la société mère, pour un montant au moins égal au montant de l'abandon consenti, avant la clôture du second exercice suivant celui au cours duquel l'abandon est intervenu.* *Une déduction fiscale sera opérée.*		X
	7875 : Reprises sur provisions pour IS	La reprise n'est pas imposable car la provision pour IS n'est pas déductible.		X
Charges	63514 : TSVS	Contrairement aux sociétés relevant de l'IR, la taxe sur les véhicules de sociétés n'est pas déductible dans les sociétés soumises à l'IS.	X	
	6251, 6414 : Frais de déplacement réels et allocations forfaitaires pour frais remboursés	Les frais réels remboursés sont normalement déductibles. Les allocations forfaitaires versées aux dirigeants salariés sont normalement déductibles si elles sont justifiées et non excessives (cumul autorisé avec le remboursement des frais de déplacement). Les allocations forfaitaires versées aux **dirigeants non-salariés et aux cadres non dirigeants** ne sont pas déductibles et doivent faire l'objet d'une réintégration fiscale (cumul non autorisé avec le remboursement des frais de déplacement).	X	
	641 : Rémunération des dirigeants salariés	Les rémunérations versées sont normalement déductibles à condition que le travail soit effectif et que les rémunérations ne soient pas excessives.		

	Éléments	Analyse	RF	DF
Charges	653 : Jetons de présence	La déductibilité des jetons de présence perçus par les administrateurs et les membres du conseil de surveillance est limitée en fonction de l'effectif de la société : – **si Effectif < 5** : Limite de déductibilité = 457 € par administrateur – **si Effectif compris entre 5 et 200** : Limite de déductibilité = 5 % (Montant de la rémunération moyenne des 5 salariés les mieux payés x Nombre d'administrateurs) – **si Effectif > 200** : Limite de déductibilité = 5 % (Montant de la rémunération moyenne des 10 salariés les mieux payés x Nombre d'administrateurs) Si Jetons comptabilisés > Limite de déductibilité : **RF = Jetons comptabilisés – Limite fiscale admise**	X	
	6611 : Charges financières nettes	Les charges financières nettes des sociétés soumises à l'IS non sous-capitalisées sont déductibles dans la limite du montant le plus élevé entre 30 % de l'Ebitda fiscal et 3 M€ par exercice de 12 mois (10 % de l'Ebitda fiscal et 1 M€ en situation de sous-capitalisation). **RF = Charges nettes – Limite de déductibilité admise** *Possibilité de déduction supplémentaire de 75 % des charges nettes non déduites pour les entreprises membre d'un groupe consolidé non sous-capitalisé.*	X	
	6615 : Intérêts des comptes courants d'associés	Les intérêts versés aux associés sont normalement déductibles, sous réserve de la libération totale du capital, et dans la limite du TMPV. Si Taux de rémunération (i) > TMPV : **RF = Σ versées en cca x (i – TMPV)** Un prorata est appliqué si la somme versée ne s'étend pas du 01/01 au 31/12. La déductibilité des intérêts servis par une société soumise à l'IS à des entreprises liées est limitée au **TMPV** ou au **taux du marché s'il est supérieur**.	X	

	Éléments	Analyse	RF	DF
Charges	664 : Abandons de créances à caractère financier consentis	Les abandons de créances à caractère financier ne sont pas déductibles.	X	
		Les abandons de créances à caractère financier accordées dans le cadre d'une procédure collective sont déductibles en totalité à hauteur de la situation négative de la filiale, et pour la fraction excédentaire, dans la proportion de son capital détenu par d'autres sociétés. Limite de la déductibilité = |Situation nette avant abandon|+ Situation nette après abandon (100 % – % détenu par la société qui consent l'abandon) **RF = Abandon consenti – Limite de déductibilité**	X	
	6875 : Dotations aux provisions pour IS	La provision pour IS n'est pas déductible.	X	
	695 : Impôt sur les sociétés et contributions	L'IS, la contribution sociale sur l'IS et les contributions exceptionnelles ne sont pas déductibles (*voir calcul IS*).	X	
	699 : Report en arrière des déficits	La créance IS liée au report en arrière des déficits n'est pas imposable.		X

(*) Pour bénéficier du régime mère-fille, la société mère et la filiale distributrice doivent être soumises à l'impôt sur les sociétés de plein droit ou sur option ; les titres doivent revêtir la forme nominative, être détenus en pleine ou en nue-propriété ; ils doivent représenter au moins 5 % du capital de la société émettrice et être conservés pendant au moins deux ans.

IMPOSITION DES PLUS-VALUES ET DÉDUCTIBILITÉ DES MOINS-VALUES

Table des abréviations

MVCT : Moins-value à court terme
PVCT : Plus-value à court terme
MVLT : Moins-value à long terme
PVLT : Plus-value à long terme

Qualification fiscale des plus ou moins-values applicables à l'IS

Éléments	Durée de détention < 2 ans (5 ans pour les parts de FCPR et de SCR)	Durée de détention ≥ 2 ans (5 ans pour les parts de FCPR et de SCR)
Biens non amortissables et amortissables	MVCT ou PVCT	MVCT ou PVCT
Titres (*) : TDP TDP de SPI cotée Parts de FCPR et de SCR Autres titres	 MVCT ou PVCT MVCT ou PVCT MVCT ou PVCT Charge ou Produit	 MVLT ou PVLT MVLT ou PVLT MVLT ou PVLT Charge ou Produit
DAP sur TDP DAP sur TDP de SPI cotées DAP sur parts de FCPR et de SCR DAP sur autres titres	MVLT MVLT MVLT Charges normalement déductibles	
RAP sur TDP RAP sur TDP de SPI cotées RAP sur parts de FCPR et de SCR RAP sur autres titres	PVLT PVLT PVLT Produits normalement imposables	

(*) Seuls relèvent du long terme,
- **les titres de participation « classiques »** (titres dont la possession durable est estimée utile à l'activité de l'entreprise, parce qu'elle permet d'exercer une influence sur la société émettrice ou d'en assurer le contrôle, titres qui ouvrent droit au régime des sociétés mères, à condition de détenir au moins 5 % des droits de vote de la société émettrice, titres qui ont été acquis en exécution d'une OPA ou d'une OPE par l'entreprise qui en est l'initiatrice),
- **les titres de participation au sein de SPI cotées** (sociétés dont l'actif est constitué pour plus de 50 % de sa valeur réelle par des immeubles, des droits portant sur des immeubles, des droits afférents à des contrats de crédit-bail immobilier ou des titres d'autres SPI),
- **les titres de capital risque** (parts de FCPR et parts de SCR).

Les autres titres sont exclus du régime du long terme (VMP, TIAP, autres titres immobilisés, titres d'OPCVM autres que les FCPR, titres de participation au sein de SPI non cotées) et relèvent du **taux de droit commun** de l'IS.

Analyse fiscale des plus ou moins-values IS

Table des abréviations

MVNCT : Moins-value nette à court terme
PVNCT : Plus-value nette à court terme
MVNLT : Moins-value nette à long terme
PVNLT : Plus-value nette à long terme
PS : Prélèvements sociaux

Éléments	Analyse	RF	DF
Revenus nets sur concessions de brevets et éléments assimilés et de logiciels protégés par des droits d'auteurs	Le résultat net est imposé sur option au taux réduit de 10 % (+ PS de 17,2 %) et fait l'objet d'une déduction fiscale, sous réserve qu'aucun lien de dépendance n'existe entre l'entreprise cédante et l'entreprise cessionnaire.		X
Revenus nets sur cessions de brevets et éléments assimilés et de logiciels protégés par des droits d'auteurs	Le résultat net est imposé sur option au taux réduit de 10 % (+ PS de 17,2 %) et fait l'objet d'une déduction fiscale, sous réserve que l'actif n'ait pas été acquis à titre onéreux depuis moins de deux ans et qu'il n'existe pas de lien de dépendance entre l'entreprise cédante et l'entreprise cessionnaire.		X
$MVNCT_N$	La MVNCT est normalement déductible du résultat fiscal imposé dans les conditions de droit commun.		
$PVNCT_N$ hors sinistre et expropriation	La PVNCT ne peut pas être étalée ; elle est normalement imposable dans les conditions de droit commun.		
$PVNCT_N$ sur sinistres et expropriations	La PVNCT sur sinistres et expropriations est imposée à compter de l'**année suivante** sur la durée d'étalement ; une déduction fiscale doit être opérée.		PVNCT.

Éléments	Analyse	RF	DF
PVNCT **antérieure** sur sinistres et expropriations	La PVNCT sur sinistres et expropriations réalisée **antérieurement** doit être réintégrée fiscalement sur la durée de l'étalement (n) au titre des années suivantes. $n = [(V_1 \times n_1) + (V_2 \times n_2) + --)] / (V_1 + V_2 + ---$ *V_1, V_2, = valeurs d'entrée des immobilisations ; n_1, n_2, = durée d'amortissement* ; n est arrondi par **excès** et ne peut pas dépasser **15 ans**.	PVNCT / n	
$PVNLT_N$ sur cession de TDP classiques	La PVNLT est exonérée, excepté une quote-part pour frais et charge de 12 % du montant brut de la plus-value : DF = PVNLT RF = 12 % (PVNLT)	X	$PVNLT_N$
$PVNLT_N$ sur RAP sur TDP classiques	La PVNLT est totalement exonérée.		$PVNLT_N$
$PVNLT_N$ sur cession et sur RAP des TDP de SPI cotées	La PVNLT bénéficie du taux réduit de 19 % + PS de 17,2 %.		$PVNLT_N$
$PVNLT_N$ sur cession et sur RAP des titres à capital-risque	La PVNLT bénéficie du taux réduit de 15 % + PS de 17,2 %.		$PVNLT_N$
$MVNLT_N$	La MVNLT est non déductible du résultat fiscal. *Les MVNLT relevant des taux de 15 % ou de 19 % pourront s'imputer sur les PVNLT, relevant des mêmes taux, réalisées au cours des dix exercices suivants.* *Les MVNLT relevant du taux de 0 % ne peuvent pas s'imputer sur les PVNLT relatives à d'autres catégories de titres.*	$MVNLT_N$	

TRAITEMENT FISCAL DES TITRES D'OPCVM

Éléments	Analyse	RF	DF
Écart de liquidation négatif	L'écart de liquidation (EL) est une **moins-value latente** et doit faire l'objet d'une déduction fiscale.		X
Écart de liquidation positif	L'écart de liquidation (EL) est une **plus-value latente** et doit faire l'objet d'une réintégration fiscale.	X	
6866 : Dotations pour dépréciation des titres d'OPCVM	Compte tenu de la déduction des EL négatifs, les dotations ne sont pas déductibles.	X	
7866 : Reprises sur dépréciation des titres d'OPCVM	Compte tenu de la réintégration des EL positifs, les reprises ne sont pas imposables.		X
Cession des titres d'OPCVM	**La différence entre les plus ou moins-values fiscale et comptable** est soit une **réintégration fiscale**, soit une **déduction fiscale**. +- Value comptable = Nombre de titres cédés × (Prix de vente unitaire – Prix d'achat unitaire) +- Value fiscale = [Nombre de titres cédés × Prix de vente unitaire] – [(Nombre de titres cédés × Prix d'achat unitaire) ± EL] / Nombre de titre total	X	X

Calcul de l'impôt sur les sociétés

Taux de l'impôt sur les sociétés

Années	PME éligibles au taux réduit	Autres entreprises
2020	15 % jusqu'à 38 120 € 28 % au-delà	28 %
2021	15 % jusqu'à 38 120 € 26,5 % au-delà	26,5 %
2022	15 % jusqu'à 38 120 € 25 % au-delà	25 %

Le taux réduit dont bénéficient les PME s'adresse aux personnes morales : soumises à l'IS de plein droit ou sur option ;

- ayant réalisé, un chiffre d'affaires HT < à 7 630 000 € ;
- le capital doit être totalement libéré ;
- le capital doit être détenu pour 75 % au moins par des personnes physiques ou des sociétés qualifiées fiscalement de PME.

Pour les entreprises dont le CA HT ≥ 250 M€, le taux d'IS 2020 28 % ne s'applique que pour la fraction de bénéfices ≤ 500 000 €, delà le taux est fixé à 31 % (en 2021, le taux d'IS est fixé à 27,5 %).

IS dû à la clôture dans le cas du régime de droit commun

IS dû =
Résultat fiscal $_N$ × Taux d'IS
+ Résultat net $_N$ sur concessions et cessions de brevets et éléments assimilés × 10 %
+ $PVNLT_N$ sur titres de participation de SPI cotées × 19 %
+ $PVNLT_N$ sur parts de FCPR et actions de SCR × 15 %
– Crédits d'impôts

IS dû à la clôture dans le cas du régime de faveur applicable aux PME

IS dû =
(Résultat fiscal$_N$ – 38 120) × Taux d'IS
+ 38 120 × 15 %
+ Résultat net $_N$ sur concessions et cessions de brevets et éléments assimilés × 10 %
+ $PVNLT_N$ sur titres de participation de SPI cotées × 19 %
+ $PVNLT_N$ sur parts de FCPR et actions de SCR × 15 %
– Crédits d'impôts

Contribution sociale due à la clôture

La contribution sociale s'applique aux entreprises soumises à l'IS, de plein droit ou sur option, pour lesquelles :
- le chiffre d'affaires est ≥ 7 630 000 € ;
- l'IS dû au taux normal et au taux réduit des plus-values est < 763 000 €.

CS due =
(Résultat fiscal × Taux d'IS + $PVNLT_N$ à un taux réduit – 763 000) × 3,3 %

L'impôt est arrondi à l'euro le plus proche.

8 REPORT DES DÉFICITS

REPORT EN AVANT - RÉGIME DE DROIT COMMUN

Impôt sur le revenu

Le déficit professionnel dégagé en N est imputable sur le revenu gl bal de l'exploitant déclaré en N. L'excédent de déficit est reportable s le revenu global des ***6 années suivantes***.

Impôt sur les sociétés

Le déficit fiscal dégagé en N est reportable sur les bénéfices des exe cices suivants, ***sans limitation de durée***, sauf changement d'activi réelle ou de régime fiscal qui entraîne la perte du droit au report de déficits reportables.

Le report en avant est soumis à un double plafonnement :

1 000 000 € + 50 % (bénéfice – 1 000 000)

REPORT EN ARRIÈRE (*CARRY BACK*) - RÉGIME OPTIONNEL

Impôt sur le revenu

Les sociétés soumises à l'IR ne peuvent pas opter pour le report e arrière des déficits.

Impôt sur les sociétés

Seules les ***sociétés soumises à l'IS*** peuvent opter pour le report e arrière des déficits. ***La possibilité de report en arrière est limitée a dernier exercice***.

Le report en arrière est limité au plus faible des deux montants su vants :

Le bénéfice d'imputation au titre de l'exercice précédent e 1 000 000 €.

Cette imputation fait naître une créance sur l'Etat :

Créance IS = (Déficit imputé x Taux d'IS)

La créance constitue un ***produit non imposable*** et doit faire l'obj d'une ***déduction fiscale***.

La créance peut être utilisée pour le paiement de l'impôt futur penda ***5 ans*** (acomptes ou solde d'IS, rappel d'IS, à l'exception de la cont bution sociale), ou être remboursée à la fin du délai de 5 ans si e n'a pas pu être totalement utilisée. Un remboursement anticipé e possible pour les sociétés qui font l'objet d'une procédure de sauv garde, de redressement ou de liquidation judiciaire. Le déficit qui n pas pu être imputé sur les bénéfices antérieurs reste reportable sur l exercices futurs (***report en avant***).

Cet ouvrage a été achevé d'imprimer dans les ateliers de Leitzaran (Espagne)
Numéro d'impression : 685 – Dépôt légal : Juin 2020